I0701862

# $E = m \cdot c^2$

Este libro le pertenece a:

_______________________________

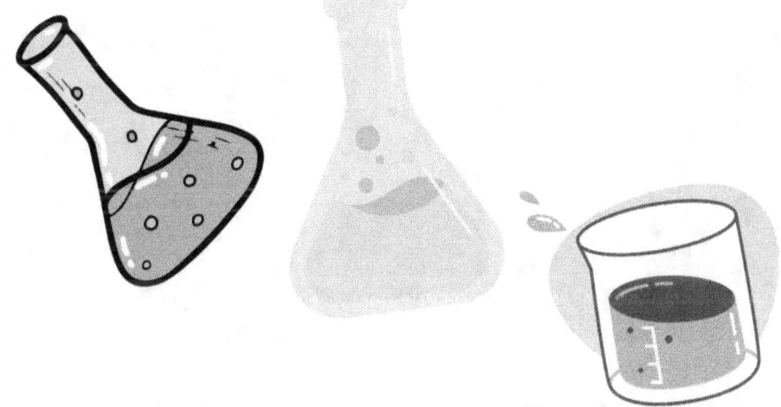

# Introduccion

**Hola, jóvenes exploradores!**

¡Bienvenidos a un emocionante viaje lleno de sorpresas! En este libro, encontrarán 200 datos curiosos que los harán decir "¡Wow!" y "¡No lo sabía!" Vamos a descubrir cosas fascinantes sobre la historia, las matemáticas, las ciencias, los deportes y mucho más. Pero eso no es todo: cada dato está escrito en inglés y español. ¡Es como tener dos libros en uno!

Aprender cosas nuevas siempre es divertido, y aprenderlas en dos idiomas es aún mejor. Al leer este libro, estarán practicando inglés y español al mismo tiempo. ¿Sabían que aprender un segundo idioma puede abrirles muchas puertas en el futuro? Podrán hacer nuevos amigos de diferentes países, viajar y entender culturas distintas, e incluso conseguir trabajos emocionantes cuando sean mayores.

Así que prepárense para sorprenderse, reír y aprender con cada página. ¡Vamos a empezar esta increíble aventura juntos!

**¡Feliz lectura!**

# ¡Gracias por Leer!
## Querido lector,

Esperamos que hayas disfrutado de
este libro y que haya aportado valor a
tu vida. Nos encantaría conocer tu
opinión y saber cómo ha sido tu
experiencia con esta lectura.
Tu feedback es invaluable para
nosotros y ayuda a otros lectores a
descubrir nuevos libros.

Si tienes unos momentos, te invitamos
a compartir tus pensamientos sobre el
libro.

Puedes escanear el siguiente código QR para acceder directamente
a la página del libro en Amazon.

¡Gracias por tu tiempo y por ser parte de nuestra comunidad de
lectores!

**1- The Earth's core is as hot as the surface of the sun.**

El núcleo de la Tierra es tan caliente como la superficie del sol.

**2- A teaspoonful of neutron star material weighs about a billion tons on Earth.**

Una cucharadita de material de una estrella de neutrones pesa alrededor de mil millones de toneladas en la Tierra.

**3- Honey never spoils. Archaeologists have found pots of honey in ancient Egyptian tombs that are over 3,000 years old and still perfectly edible.**

La miel nunca se echa a perder. Los arqueólogos han encontrado frascos de miel en tumbas del antiguo Egipto que tienen más de 3000 años y aún son perfectamente comestibles.

**4- The Great Wall of China is not visible from space without aid.**
La Gran Muralla China no es visible desde el espacio sin ayuda.

**5- Sound can't travel through a vacuum, which is why in space, no one can hear you scream.**
El sonido no puede viajar a través del vacío, por eso en el espacio nadie puede escucharte gritar.

**6- A bolt of lightning is five times hotter than the surface of the sun.**
Un rayo es cinco veces más caliente que la superficie del sol.

**7-Bananas are berries, but strawberries aren't.**
Los plátanos son bayas, pero las fresas no lo son.

**8- There are more atoms in a single glass of water than glasses of water in all the world's oceans.**

Hay más átomos en un vaso de agua que vasos de agua en todos los océanos del mundo.

**9- The light emitted by fireflies is among the most efficient light in the world; nearly 100% of the energy is emitted as light.**

La luz emitida por las luciérnagas es una de las más eficientes del mundo; casi el 100% de la energía se emite como luz.

**10- A day on Venus (its rotation period) is longer than a year on Venus (its orbit around the sun).**

Un día en Venus (su período de rotación) es más largo que un año en Venus (su órbita alrededor del sol).

**11- Octopuses have three hearts.**
Los pulpos tienen tres corazones.

**12- A thimbleful of a neutron star would weigh over 100 million tons.**
Un dedal de una estrella de neutrones pesaría más de 100 millones de toneladas.

**13- A day on Mercury (one full rotation) is longer than its year (orbit around the sun).**
Un día en Mercurio (una rotación completa) es más largo que su año (órbita alrededor del sol).

**14- There are more trees on Earth than stars in the Milky Way galaxy.**
Hay más árboles en la Tierra que estrellas en la Vía Láctea.

**15- The universe is about 13.8 billion years old.**
El universo tiene aproximadamente 13,8 mil millones de años.

**16- A teaspoon of a white dwarf star would weigh about 5 tons on Earth.**

Una cucharadita de una estrella enana blanca pesaría alrededor de 5 toneladas en la Tierra.

**17- Honeybees can recognize human faces.**

Las abejas pueden reconocer rostros humanos.

**18- The speed of light in a vacuum is about 299,792 kilometers per second (186,282 miles per second).**

La velocidad de la luz en el vacío es de aproximadamente 299,792 kilómetros por segundo (186,282 millas por segundo).

**19- Pineapples take almost two years to grow.**

Los piñones tardan casi dos años en crecer.

**20- The Sun makes a full rotation once about every 25-35 days.**
El Sol completa una rotación completa aproximadamente cada 25-35 días.

**21- The largest volcano in our solar system is on Mars; it's called Olympus Mons and stands about 13.6 miles high (22 kilometers).**
El volcán más grande de nuestro sistema solar está en Marte; se llama Olympus Mons y tiene aproximadamente 13,6 millas de altura (22 kilómetros).

**22- A group of flamingos is called a flamboyance.**
Un grupo de flamencos se llama un "flamboyance".

**23- Jupiter's moon Europa has more water under its surface than all of Earth's oceans combined.**
La luna Europa de Júpiter tiene más agua bajo su superficie que todos los océanos de la Tierra combinados.

**24- The Eiffel Tower can be 15 cm taller during the summer due to thermal expansion.**

La Torre Eiffel puede ser 15 cm más alta durante el verano debido a la expansión térmica.

**25- The total length of all blood vessels in an adult human's body is about 60,000 miles (96,560 kilometers).**

La longitud total de todos los vasos sanguíneos en el cuerpo de un adulto humano es de aproximadamente 60,000 millas (96,560 kilómetros).

**26- There are more possible iterations of a game of chess than there are atoms in the observable universe.**

Hay más posibles iteraciones de una partida de ajedrez que átomos en el universo observable.

**27- The Saturn moon Titan has liquid lakes made of methane and ethane.**
La luna de Saturno, Titán, tiene lagos líquidos de metano y etano.

**28- A single strand of spaghetti is called a "spaghetto".**
Un solo hilo de espagueti se llama "spaghetto".

**29- Astronauts on the International Space Station witness about 16 sunrises and sunsets every day due to the station's orbit.**
Los astronautas en la Estación Espacial Internacional presencian alrededor de 16 amaneceres y atardeceres cada día debido a la órbita de la estación.

**30- The human brain uses about 20% of the body's total oxygen and calorie intake.**
El cerebro humano utiliza aproximadamente el 20% del total de oxígeno y calorías del cuerpo.

**31- A teaspoonful of a pulsar (a rotating neutron star) would weigh more than Mount Everest.**

Una cucharadita de un púlsar (una estrella de neutrones en rotación) pesaría más que el Monte Everest.

**32- The total weight of all the ants on Earth is estimated to be about the same as the total weight of all the humans.**

Se estima que el peso total de todas las hormigas en la Tierra es aproximadamente igual al peso total de todos los humanos.

**33- The shortest war in history was between Britain and Zanzibar on August 27, 1896. It lasted only 38 minutes.**

La guerra más corta de la historia fue entre Gran Bretaña y Zanzíbar el 27 de agosto de 1896. Duró solo 38 minutos.

**34- The Great Pyramid of Giza is the only surviving Wonder of the Ancient World.**
La Gran Pirámide de Giza es la única Maravilla del Mundo Antiguo que aún sobrevive.

**35- Hippopotamus milk is pink.**
La leche de hipopótamo es de color rosa.

**36- There's enough gold in the Earth's core to coat its entire surface to a depth of 1.5 feet (0.46 meters).**
Hay suficiente oro en el núcleo de la Tierra para cubrir toda su superficie con un espesor de 1.5 pies (0.46 metros).

**37- The fingerprints of a koala are so indistinguishable from humans that they have on occasion been confused at crime scenes.**
Las huellas dactilares de un koala son tan similares a las humanas que ocasionalmente han sido confundidas en escenas del crimen.

**38- The first oranges weren't orange - they were green.**

Las primeras naranjas no eran de color naranja, sino verdes.

**39- Tardigrades, also known as water bears, can survive in space. They can endure extreme conditions like radiation and the vacuum of space.**

Los tardígrados, también conocidos como osos de agua, pueden sobrevivir en el espacio. Pueden resistir condiciones extremas como la radiación y el vacío del espacio.

**40- The oldest known living land creature is a tortoise named Jonathan, who is more than 188 years old.**

La criatura terrestre viviente más antigua conocida es una tortuga llamada Jonathan, que tiene más de 188 años.

**41- The driest place on Earth is the Atacama Desert in Chile, where some areas haven't seen rainfall for centuries.** El lugar más seco de la Tierra es el Desierto de Atacama en Chile, donde algunas áreas no han visto lluvia en siglos.

**42- Cows have best friends and become stressed when they are separated.** Las vacas tienen mejores amigos y se estresan cuando se separan.

**43- Astronauts' spines can lengthen up to 2 inches (5 centimeters) while they're in space due to the absence of gravity.** Las columnas vertebrales de los astronautas pueden alargarse hasta 5 centímetros mientras están en el espacio debido a la ausencia de gravedad.

**44- A single bolt of lightning can contain enough energy to toast 100,000 slices of bread.**

Un solo rayo puede contener suficiente energía como para tostar 100,000 rebanadas de pan.

**45- The longest continuous scientific experiment is the pitch drop experiment, started in 1927, demonstrating the flow of a viscous liquid.**

El experimento científico continuo más largo es el experimento de la gota de brea, iniciado en 1927, que demuestra el flujo de un líquido viscoso.

**46- Oysters can change their gender multiple times during their lifespan.**

Las ostras pueden cambiar de género varias veces durante su vida

## 47- There's a species of jellyfish, Turritopsis dohrnii, that is biologically immortal.

Existe una especie de medusa, Turritopsis dohrnii, que es biológicamente inmortal.

## 48- The average cloud weighs about 1.1 million pounds (498,952 kilograms).

La nube promedio pesa alrededor de 1.1 millones de libras (498,952 kilogramos).

## 49- The total length of DNA in the human body, if unraveled, would stretch about 60 times from the Earth to the Sun and back.

La longitud total de ADN en el cuerpo humano, si se desenredara, se extendería aproximadamente 60 veces desde la Tierra hasta el Sol y de regreso.

**50- Giraffes have the same number of neck vertebrae as humans, seven, but each one is much longer.**

Las jirafas tienen la misma cantidad de vértebras en el cuello que los humanos, siete, pero cada una es mucho más larga.

**51- At the British Museum, an object known as "The Curse of the Hope Diamond" features legends of curses. It is believed that the famous blue Hope Diamond brings misfortune to its possessors.**

En el Museo Británico, un objeto conocido como "La Maldición del Diamante Hope" presenta leyendas de maldiciones. Se cree que el famoso diamante azul Hope trae desgracias a quienes lo poseen.

**52- The world record for the longest time without sleep and naps is 11 days. The record is held by Randy Gardner, who achieved this in 1964.**

El récord mundial de la persona que más tiempo ha estado despierta sin tomar siesta fue de 11 días. El récord lo ostenta Randy Gardner, quien logró esto en 1964.

**53- Penguins have a unique courtship behavior: they often present stones to their partners as a symbol of love.**

Los pingüinos tienen una forma de cortejo única: a menudo les regalan piedras a sus parejas como símbolo de amor.

**54- The fastest animal in the world is the peregrine falcon, which can reach speeds of up to 240 miles per hour (386 km/h) during a dive.**

El animal más veloz del mundo es el halcón peregrino, que puede alcanzar velocidades de hasta 240 millas por hora (386 km/h) durante un picado.

**55- The city of Istanbul, in Turkey, straddles two continents: Europe and Asia. The Bosphorus divides the city between both.**

La ciudad de Estambul, en Turquía, se encuentra en dos continentes: Europa y Asia. El Bósforo divide la ciudad entre ambos.

**56- In 1919, a collapse in the oxen market in India led to Mahatma Gandhi's exile and ultimately propelled him into becoming a major leader in India's struggle for independence.**

En 1919, un colapso en el mercado de la venta de bueyes en la India llevó al exilio de Mahatma Gandhi y finalmente lo llevó a convertirse en un líder importante en la lucha por la independencia de la India.

**57- Chess is the oldest board game that is still widely played in the world. It's believed to have originated in India over 1,400 years ago.**

El ajedrez es el juego de mesa más antiguo que sigue siendo popular en el mundo. Se cree que se originó en India hace más de 1,400 años.

**58- The Mona Lisa wasn't always at the Louvre. It was stolen in 1911 and remained missing for two years before being recovered.**

La Mona Lisa no siempre estuvo en el Louvre. Fue robada en 1911 y estuvo desaparecida por dos años antes de ser recuperada.

**59- In ancient Rome, mouse gums were used as a contraceptive method.**

En la antigua Roma, las encías de los ratones eran utilizadas como método anticonceptivo.

**60- In 1969, astronaut Neil Armstrong became the first human to walk on the lunar surface during the Apollo 11 mission. His famous quote was: "That's one small step for man, one giant leap for mankind."**

En 1969, el astronauta Neil Armstrong se convirtió en el primer ser humano en caminar sobre la superficie lunar durante la misión Apolo 11. Su famosa frase fue: "Un pequeño paso para el hombre, un gran salto para la humanidad".

**61- Albert Einstein's theory of relativity suggests that mass can be converted into energy, famously expressed by his equation $E=mc^2$.**

La teoría de la relatividad de Albert Einstein sugiere que la masa puede convertirse en energía, famosamente expresada por su ecuación $E=mc^2$.

**62- British mathematician Alan Turing played a key role in deciphering the German Enigma during World War II, a crucial achievement in the history of cryptography.**

El matemático británico Alan Turing jugó un papel clave en descifrar la máquina Enigma alemana durante la Segunda Guerra Mundial, un logro crucial en la historia de la criptografía.

**63- Jamaican sprinter Usain Bolt holds the world record for the 100 meters with a time of 9.58 seconds, set in 2009.**

El corredor jamaicano Usain Bolt posee el récord mundial de los 100 metros con un tiempo de 9.58 segundos, establecido en 2009.

**64-Apple's iPad has more processing power than the computer that sent humans to the Moon in 1969.**

El iPad de Apple tiene más potencia de procesamiento que la computadora que envió a los humanos a la Luna en 1969.

**65- The discovery of the Higgs boson, also known as the "God particle," was announced in 2012 and helped confirm the standard model of particle physics.**

El descubrimiento del bosón de Higgs, también conocido como la "partícula de Dios", fue anunciado en 2012 y ayudó a confirmar el modelo estándar de la física de partículas.

**66- The first message sent over the internet was "LO," sent in 1969 by Charley Kline while attempting to send "LOGIN" before the connection crashed.**

El primer mensaje enviado a través de Internet fue "LO", enviado en 1969 por Charley Kline mientras intentaba enviar "LOGIN" antes de que la conexión se interrumpiera.

**67- Inventor Thomas Edison not only invented the light bulb but also held over a thousand patents in his lifetime.**

El inventor Thomas Edison no solo inventó la bombilla, sino que también poseía más de mil patentes en su vida.

**68- German physicist Max Planck is known as the father of quantum theory, due to his groundbreaking work in particle physics.**

El físico alemán Max Planck es conocido como el padre de la teoría cuántica, debido a su trabajo revolucionario en la física de partículas.

**69- In 1992, basketball player Michael Jordan won his second Olympic gold medal with the United States Men's Basketball Team in Barcelona, leading the "Dream Team."**

En 1992, el jugador de baloncesto Michael Jordan ganó su segunda medalla de oro olímpica con el equipo de baloncesto masculino de Estados Unidos en Barcelona, liderando el "Dream Team".

**70- The world's first computer programmer was Ada Lovelace, who wrote algorithms for Charles Babbage's early mechanical general-purpose computer, the Analytical Engine, in the mid-1800s.**

La primera programadora de computadoras del mundo fue Ada Lovelace, quien escribió algoritmos para la máquina analítica, una computadora mecánica de propósito general desarrollada por Charles Babbage, a mediados del siglo XIX.

**71- The world's largest desert isn't the Sahara; it's Antarctica. While the Sahara is the largest hot desert, Antarctica is the largest cold desert.**

El desierto más grande del mundo no es el Sahara; es la Antártida. Mientras que el Sahara es el desierto más grande en áreas cálidas, la Antártida es el desierto más grande en áreas frías.

**72- A single day on Pluto is equivalent to about 6.4 Earth days.**

Un día en Plutón equivale a aproximadamente 6.4 días terrestres.


**73- The first-ever photograph of a person was taken in 1838 by Louis Daguerre. The exposure time was around 7 minutes, making the streets appear empty as moving objects (like people and carriages) weren't captured.**

La primera fotografía de una persona fue tomada en 1838 por Louis Daguerre. El tiempo de exposición fue de alrededor de 7 minutos, lo que hizo que las calles parecieran vacías, ya que los objetos en movimiento (como personas y carros) no fueron capturados

**74- The world's largest volcano is Mauna Loa in Hawaii. It rises more than 13,000 feet (4,000 meters) above sea level.**

El volcán más grande del mundo es Mauna Loa en Hawái. Se eleva más de 13,000 pies (4,000 metros) sobre el nivel del mar.

**75- The average human body carries about 100 trillion microorganisms on its skin, in its mouth, and in its gut.**

El cuerpo humano promedio lleva alrededor de 100 billones de microorganismos en su piel, en su boca y en su intestino.

**76- The original name of Bank of America was Bank of Italy. It was renamed in 1930.**

El nombre original de Bank of America era Bank of Italy. Fue renombrado en 1930.

**77- The original color of Coca-Cola was green.**

El color original de la Coca-Cola era verde.


**78- Grapes explode when you put them in the microwave.**

Las uvas explotan cuando las pones en el microondas.


**79- The average person spends about 6 months of their life waiting for red lights to turn green.**

La persona promedio pasa alrededor de 6 meses de su vida esperando a que los semáforos rojos se pongan en verde.


**80- The Arctic Ocean is the smallest and shallowest of the world's five major oceans.**

El océano Ártico es el más pequeño y menos profundo de los cinco océanos principales del mundo.

**81-The first domain name ever registered was "symbolics.com" on March 15, 1985.**

El primer nombre de dominio registrado fue "symbolics.com" el 15 de marzo de 1985.

**82- The first modern Olympic Games were held in Athens, Greece, in 1896, reviving the ancient tradition that originated in Greece around 776 BC.**

Los primeros Juegos Olímpicos modernos se llevaron a cabo en Atenas, Grecia, en 1896, reviviendo la antigua tradición que se originó en Grecia alrededor del año 776 a.C.

**83- The Titanic was the first ship to use the SOS distress signal when it hit an iceberg on April 14, 1912.**

El Titanic fue el primer barco en utilizar la señal de socorro SOS cuando chocó contra un iceberg el 14 de abril de 1912.

**84- Marie Curie, a physicist and chemist, was the first woman to win a Nobel Prize and remains the only person to win Nobel Prizes in two different sciences (Physics and Chemistry).**

Marie Curie, física y química, fue la primera mujer en ganar un Premio Nobel y sigue siendo la única persona en ganar Premios Nobel en dos ciencias diferentes (Física y Química).


**85- The first successful sustained powered flight by the Wright brothers took place on December 17, 1903, near Kitty Hawk, North Carolina.**

El primer vuelo sostenido y controlado con éxito por los hermanos Wright ocurrió el 17 de diciembre de 1903, cerca de Kitty Hawk, Carolina del Norte.

**86- The Great Wall of China is over 13,000 miles long and was built over several centuries to protect against invasions.**

La Gran Muralla China tiene más de 13,000 millas de longitud y fue construida durante varios siglos para protegerse contra invasiones.

**87- The concept of gravity was popularized by Sir Isaac Newton in 1687, outlined in his book "Philosophiæ Naturalis Principia Mathematica."**

El concepto de gravedad fue popularizado por Sir Isaac Newton en 1687, descrito en su libro "Philosophiæ Naturalis Principia Mathematica".

**88- The tallest building in the world, the Burj Khalifa in Dubai, stands at over 2,700 feet (828 meters) tall.**

El edificio más alto del mundo, el Burj Khalifa en Dubái, tiene más de 2,700 pies (828 metros) de altura.

**89- The human brain is about 60% fat and is one of the most energy-consuming organs in the body, using about 20% of the body's oxygen and blood flow.**

El cerebro humano es aproximadamente un 60% grasa y es uno de los órganos que más energía consume en el cuerpo, utilizando alrededor del 20% del oxígeno y flujo sanguíneo del cuerpo.


**90-The Eiffel Tower in Paris, France, was completed in 1889 and was initially criticized by some of the leading artists and intellectuals of the time.**

La Torre Eiffel en París, Francia, se completó en 1889 y fue inicialmente criticada por algunos de los principales artistas e intelectuales de la época.

**91- The concept of the internet was proposed in a paper by J.C.R. Licklider in 1962, outlining the idea of a "Galactic Network" of computers.**

El concepto de internet fue propuesto en un artículo por J.C.R. Licklider en 1962, delineando la idea de una "Red Galáctica" de computadoras.

**92- The Statue of Liberty was a gift from France to the United States and was assembled on Liberty Island in New York in 1886.**

La Estatua de la Libertad fue un regalo de Francia a Estados Unidos y fue ensamblada en la isla de la Libertad en Nueva York en 1886.

**93- The periodic table, which organizes chemical elements, was created by Dmitri Mendeleev in 1869, though it has been expanded and modified since then.**

La tabla periódica, que organiza los elementos químicos, fue creada por Dmitri Mendeléyev en 1869, aunque ha sido ampliada y modificada desde entonces.

**94- The concept of natural selection as a mechanism for evolution was proposed by Charles Darwin in his book "On the Origin of Species," published in 1859.**

El concepto de la selección natural como mecanismo de evolución fue propuesto por Charles Darwin en su libro "El Origen de las Especies", publicado en 1859.

**95- The first successful vaccine was developed by Edward Jenner in 1796 for smallpox, a disease that was later eradicated through vaccination.**

La primera vacuna exitosa fue desarrollada por Edward Jenner en 1796 para la viruela, una enfermedad que luego fue erradicada mediante la vacunación.

**96- The Declaration of Independence, which declared the United States' independence from Britain, was adopted on July 4, 1776.**

La Declaración de Independencia, que proclamó la independencia de Estados Unidos de Gran Bretaña, fue adoptada el 4 de julio de 1776.

**97- The first successful heart transplant was performed by Dr. Christiaan Barnard in South Africa in 1967.**
El primer trasplante de corazón exitoso fue realizado por el Dr. Christiaan Barnard en Sudáfrica en 1967.

**98- The oldest known written recipe is a Sumerian beer recipe from around 3000 BC.**
La receta escrita más antigua conocida es una receta sumeria de cerveza que data alrededor del 3000 a.C.

**99- The human eye can distinguish around 10 million different colors.**
El ojo humano puede distinguir alrededor de 10 millones de colores diferentes.

**100- The shortest complete sentence in the English language is "I am."**
La oración completa más corta en el idioma inglés es "I am."

**101- The longest time between two twins being born is 87 days.**

El tiempo más largo entre el nacimiento de dos gemelos es de 87 días.

**102- Mount Everest grows about 4 millimeters taller each year due to tectonic plate movements.**

El Monte Everest crece aproximadamente 4 milímetros más alto cada año debido a los movimientos de las placas tectónicas.

**103- The world's largest snowflake, recorded in 1887 in Montana, was 15 inches wide.**

El copo de nieve más grande del mundo, registrado en 1887 en Montana, tenía 15 pulgadas de ancho.

**104- The shortest commercial flight in the world lasts only 53 seconds, flying between the Scottish islands of Westray and Papa Westray.**
El vuelo comercial más corto del mundo dura solo 53 segundos, volando entre las islas escocesas de Westray y Papa Westray.

**105- Hippopotomonstrosesquippedaliophobia is the fear of long words.**
La hippopotomonstrosesquipedaliofobia es el miedo a las palabras largas.

**106- The unicorn is the national animal of Scotland.**
El unicornio es el animal nacional de Escocia.

**107- The cheetah is the fastest land animal and can reach speeds of up to 75 mph (120 km/h) in short bursts covering distances up to 1,500 feet (460 meters).**
El guepardo es el animal terrestre más rápido y puede alcanzar velocidades de hasta 75 mph (120 km/h) en ráfagas cortas, cubriendo distancias de hasta 1,500 pies (460 metros).

**108- The sport of basketball was invented by Dr. James Naismith in 1891 in Springfield, Massachusetts, as a less injury-prone alternative to football.**
El deporte del baloncesto fue inventado por el Dr. James Naismith en 1891 en Springfield, Massachusetts, como una alternativa menos propensa a lesiones que el fútbol americano.

**109- A bolt of lightning can reach temperatures hotter than the surface of the sun, reaching about 54,000°F (30,000°C).**

Un rayo puede alcanzar temperaturas más calientes que la superficie del sol, llegando a alrededor de 54,000°F (30,000°C).

**110- The planet Saturn's density is so low that it could float in water.**

La densidad del planeta Saturno es tan baja que podría flotar en agua.

**111- Golf is the only sport to have been played on the moon. Astronaut Alan Shepard hit a golf ball on the lunar surface during the Apollo 14 mission in 1971.**

El golf es el único deporte que se ha jugado en la luna. El astronauta Alan Shepard golpeó una pelota de golf en la superficie lunar durante la misión Apolo 14 en 1971.

**112- Lightning strikes the Earth about 100 times per second.**
Los rayos golpean la Tierra aproximadamente 100 veces por segundo

**113- The first computer programmer was a woman named Ada Lovelace, who wrote the first algorithm intended to be processed by a machine, for Charles Babbage's Analytical Engine.**
La primera programadora de computadoras fue una mujer llamada Ada Lovelace, quien escribió el primer algoritmo destinado a ser procesado por una máquina, para el Motor Analítico de Charles Babbage.

**114- The fastest recorded tennis serve was 163.7 mph (263.4 km/h) by Sam Groth in 2012.**
El saque de tenis más rápido registrado fue de 163.7 mph (263.4 km/h) por Sam Groth en 2012.

**115- The probability of being struck by a meteorite is 1 in 1.6 million.**

La probabilidad de ser golpeado por un meteorito es de 1 en 1.6 millones.

**116- The Great Wall of China is not a single, continuous wall but a series of walls built by different dynasties over centuries.**

La Gran Muralla China no es una sola pared continua, sino una serie de muros construidos por diferentes dinastías a lo largo de los siglos.

**117- The blue whale is the largest animal on Earth, even larger than most dinosaurs.**

La ballena azul es el animal más grande de la Tierra, incluso más grande que la mayoría de los dinosaurios.

**118- The sport of volleyball was invented in 1895 by William G. Morgan in Holyoke, Massachusetts, as a less physically demanding alternative to basketball.**

El voleibol fue inventado en 1895 por William G. Morgan en Holyoke, Massachusetts, como una alternativa menos exigente físicamente que el baloncesto.

**119- The Pacific Ocean is the largest and deepest ocean on Earth, covering an area larger than all of Earth's landmasses combined.**

El Océano Pacífico es el océano más grande y profundo de la Tierra, cubriendo un área más grande que todas las masas de tierra combinadas.

**120- The fastest land animal relative to its body size is the South Californian mite, which travels at about 322 body lengths per second.**

El animal terrestre más rápido en relación con su tamaño corporal es el ácaro de California del Sur, que se desplaza a aproximadamente 322 longitudes de cuerpo por segundo.

**121- The Sahara Desert is expanding; it grows by about 0.6 miles (1 km) per month.**

El desierto del Sahara está expandiéndose; crece aproximadamente 0.6 millas (1 km) por mes.

**122- The probability of getting a royal flush in poker is about 1 in 649,740.**

La probabilidad de conseguir una escalera real en el póquer es de aproximadamente 1 en 649,740.

**123- Polar bears have black skin under their white fur, which helps them absorb and retain heat from the sun.**
Los osos polares tienen piel negra debajo de su pelaje blanco, lo que les ayuda a absorber y retener el calor del sol.

**124- Hawaii is the only U.S. state that grows coffee commercially.**
Hawái es el único estado de EE. UU. que cultiva café comercialmente.

**125- Lake Baikal in Siberia, Russia, is the deepest and oldest freshwater lake on Earth, reaching depths of over 5,300 feet (1,600 meters).**
El lago Baikal en Siberia, Rusia, es el lago de agua dulce más profundo y antiguo de la Tierra, alcanzando profundidades de más de 5,300 pies (1,600 metros).125-

**126- The first computer mouse was made of wood.**
El primer ratón de computadora estaba hecho de madera.

**127- The most common letter in the English language is 'e'.**
La letra más común en el idioma inglés es la 'e'.

**128- The first product to have a barcode was Wrigley's gum.**
El primer producto en tener un código de barras fue el chicle Wrigley's.

**129- The world's oldest known vegetable is the pea, dating back over 9,000 years.**
La verdura más antigua conocida es el guisante, con más de 9,000 años de antigüedad.

**130- Squirrels plant thousands of new trees each year simply by forgetting where they put their acorns.**

Las ardillas plantan miles de árboles nuevos cada año simplemente olvidando dónde enterraron sus bellotas.


**131- Table tennis balls can travel off the paddle at speeds up to 105.6 mph (170 km/h).**

Las pelotas de tenis de mesa pueden salir de la paleta a velocidades de hasta 105.6 mph (170 km/h).


**132- Hawaii moves about 7.5 centimeters closer to Alaska every year due to tectonic plate movement.**

Hawái se mueve aproximadamente 7.5 centímetros más cerca de Alaska cada año debido al movimiento de las placas tectónicas.

**133- Tennis originated in France in the 12th century and was initially played with bare hands.**
El tenis se originó en Francia en el siglo XII y se jugaba inicialmente con las manos desnudas.

**134- The oldest known sport is wrestling, dating back to 3,000 BC.**
El deporte más antiguo conocido es la lucha libre, que se remonta al año 3,000 a.C.

**135- Rabbits and parrots can see behind themselves without even moving their heads due to their wide-set eyes.**
Los conejos y los loros pueden ver detrás de ellos sin siquiera mover la cabeza debido a sus ojos ampliamente separados.

**136- The only planet in our solar system that rotates on its side is Uranus. Its axis is tilted at about 98 degrees.**

El único planeta en nuestro sistema solar que gira de lado es Urano. Su eje está inclinado aproximadamente a 98 grados.

**137- The oldest known living tree is a bristlecone pine named Methuselah, estimated to be over 4,800 years old.**

El árbol vivo más antiguo conocido es un pino bristlecone llamado Matusalén, estimado en más de 4,800 años de antigüedad.

**138- Venus is the hottest planet in our solar system, with surface temperatures reaching about 900°F (475°C).**

Venus es el planeta más caliente en nuestro sistema solar, con temperaturas superficiales de aproximadamente 900°F (475°C).

**139- The first recorded use of zero as a placeholder in mathematics was in ancient Mayan culture around the 3rd century AD.**

El primer uso registrado del cero como marcador en matemáticas fue en la antigua cultura maya alrededor del siglo III d.C.

**140- The world's largest flower is the Rafflesia arnoldii, which can grow up to three feet in diameter and weighs around 24 pounds.**

La flor más grande del mundo es la Rafflesia arnoldii, que puede llegar a tener tres pies de diámetro y pesa alrededor de 24 libras.

**141-Elephants are the only mammals that can't jump.**

Los elefantes son los únicos mamíferos que no pueden saltar.

**142- The Amazon rainforest produces around 20% of the world's oxygen.**
La selva amazónica produce alrededor del 20% del oxígeno del mundo.

**143- The fastest bird in level flight is the spine-tailed swift, which can reach speeds of up to 106 mph (171 km/h).**
El pájaro más rápido en vuelo horizontal es el vencejo de espinazo, que puede alcanzar velocidades de hasta 106 mph (171 km/h).

**144- The mathematical constant π (pi) is essential in geometry and has an infinite number of decimal places with no repeating pattern.**
La constante matemática π (pi) es esencial en geometría y tiene un número infinito de decimales sin un patrón repetitivo.

**145- The Pythagorean theorem, a^2 + b^2 = c^2, describes the relationship between the sides of a right-angled triangle.**

El teorema de Pitágoras, a^2 + b^2 = c^2, describe la relación entre los lados de un triángulo rectángulo.

**146- In 1900, Max Planck introduced quantum theory by suggesting that energy is quantized and comes in discrete units called "quanta."**

En 1900, Max Planck introdujo la teoría cuántica al sugerir que la energía está cuantizada y viene en unidades discretas llamadas "cuantos".

**147- E=mc^2, Einstein's famous equation, describes the equivalence of energy (E) and mass (m) multiplied by the speed of light squared (c^2).**

E=mc^2, la famosa ecuación de Einstein, describe la equivalencia de la energía (E) y la masa (m) multiplicada por la velocidad de la luz al cuadrado (c^2).

**148- The Fibonacci sequence, 0, 1, 1, 2, 3, 5, 8, 13..., is formed by adding the two preceding numbers to find the next number in the sequence.**

La secuencia de Fibonacci, 0, 1, 1, 2, 3, 5, 8, 13..., se forma sumando los dos números anteriores para encontrar el siguiente número en la secuencia.


**149- The force of gravity on Mars is approximately 38% of that on Earth.**

La fuerza de gravedad en Marte es aproximadamente el 38% de la de la Tierra.


**150- Archery was the first sport in the Olympic Games, introduced in 1900.**

El tiro con arco fue el primer deporte en los Juegos Olímpicos, introducido en 1900.

**151- The formula for calculating the area of a circle is πr^2, where π (pi) is approximately 3.14159 and r is the radius.**

La fórmula para calcular el área de un círculo es πr^2, donde π (pi) es aproximadamente 3.14159 y r es el radio.

**152- The Olympic Games originated in Ancient Greece in 776 BC and were held in honor of the Greek god Zeus.**

Los Juegos Olímpicos se originaron en la Antigua Grecia en el año 776 a.C. y se celebraban en honor al dios griego Zeus.

**153- The human brain consists of about 86 billion neurons.**

El cerebro humano consta de aproximadamente 86 mil millones de neuronas.

**154- The highest individual score in a Test cricket match is 400 runs by Brian Lara of the West Indies against England in 2004.**

El puntaje individual más alto en un partido de cricket Test son 400 carreras, logradas por Brian Lara de las Indias Occidentales contra Inglaterra en 2004.


**155- In 1967, Kathrine Switzer became the first woman to officially run the Boston Marathon, despite attempts to stop her because it was then considered a men-only race.**

En 1967, Kathrine Switzer se convirtió en la primera mujer en correr oficialmente el Maratón de Boston, a pesar de los intentos por detenerla ya que en ese momento se consideraba una carrera solo para hombres.

**156- The energy released by the Sun in one second is equivalent to the energy produced by a billion hydrogen bombs.**
La energía liberada por el Sol en un segundo es equivalente a la energía producida por mil millones de bombas de hidrógeno.

**157- The first known use of the word "hello" in a conversation occurred in 1826.**
El primer uso conocido de la palabra "hola" en una conversación ocurrió en 1826.

**158- The coldest temperature ever recorded on Earth was -128.6°F (-89.2°C) in Antarctica in 1983.**
La temperatura más fría jamás registrada en la Tierra fue de -128.6°F (-89.2°C) en la Antártida en 1983.

**159- The human brain uses the same amount of power as a 10-watt light bulb.**

El cerebro humano utiliza la misma cantidad de energía que una bombilla de 10 vatios.

**160- The ancient Greek city of Byzantium was later renamed Constantinople and is now known as Istanbul, Turkey.**

La antigua ciudad griega de Bizancio fue posteriormente renombrada como Constantinopla y ahora se conoce como Estambul, en Turquía.

**161- The longest musical piece ever composed is "Longplayer," designed to last for 1,000 years without repeating itself.**

La pieza musical más larga jamás compuesta es "Longplayer", diseñada para durar 1,000 años sin repetirse.

**162- The first computer virus, named "Creeper," was created in the early 1970s and was intended as an experiment.**

El primer virus informático, llamado "Creeper", fue creado a principios de la década de 1970 y fue un experimento.

**163- The "Doppler Effect" is the change in frequency or wavelength of a wave in relation to an observer moving relative to its source.**

El "Efecto Doppler" es el cambio en la frecuencia o longitud de onda de una onda en relación con un observador que se mueve respecto a su fuente.

**164- The tomato is botanically a fruit but legally considered a vegetable in the United States.**

El tomate es botánicamente una fruta pero legalmente considerado una verdura en Estados Unidos.

**165- The first commercial airline flight took place on January 1, 1914, in Florida, USA.**

El primer vuelo comercial de una aerolínea tuvo lugar el 1 de enero de 1914 en Florida, EE. UU.

**166- The pineapple plant produces a single pineapple fruit per year.**

La planta de piña produce una sola fruta de piña por año.

**167- Penguins are the only birds that can swim but cannot fly.**

Los pingüinos son las únicas aves que pueden nadar pero no pueden volar.

**168- The electric chair was invented by a dentist, Dr. Alfred Southwick, after he witnessed an accidental electrocution.**

La silla eléctrica fue inventada por un dentista, el Dr. Alfred Southwick, después de presenciar una electrocución accidental.

**169- A "jiffy" is an actual unit of time for 1/100th of a second.**
Un "jiffy" es una unidad de tiempo real equivalente a 1/100 de segundo.

**170- The human nose can remember 50,000 different scents.**
La nariz humana puede recordar 50,000 olores diferentes.

**171- The first ever email was sent by Ray Tomlinson in 1971. It was a test message that read "QWERTYUIOP."**
El primer correo electrónico fue enviado por Ray Tomlinson en 1971. Fue un mensaje de prueba que decía "QWERTYUIOP".

**172- A "butt" was a medieval measurement unit for wine. It was equivalent to about 475 liters.**
Un "butt" era una unidad de medida medieval para el vino, equivalente a alrededor de 475 litros.

**173- A day on Venus is longer than its year. It takes Venus 243 Earth days to rotate on its axis and about 225 Earth days to orbit the sun.**

Un día en Venus es más largo que su año. A Venus le toma 243 días terrestres rotar sobre su eje y alrededor de 225 días terrestres orbitar alrededor del sol.

**174- In 1999, the Mars Climate Orbiter spacecraft was lost due to a navigation error caused by the use of both metric and imperial units in the coding.**

En 1999, la sonda espacial Mars Climate Orbiter se perdió debido a un error de navegación causado por el uso de unidades métricas e imperiales en la codificación.

**172- A "butt" was a medieval measurement unit for wine. It was equivalent to about 475 liters.**

Un "butt" era una unidad de medida medieval para el vino, equivalente a alrededor de 475 litros.

**173- A day on Venus is longer than its year. It takes Venus 243 Earth days to rotate on its axis and about 225 Earth days to orbit the sun.** Un día en Venus es más largo que su año. A Venus le toma 243 días terrestres rotar sobre su eje y alrededor de 225 días terrestres orbitar alrededor del sol.

**174- In 1999, the Mars Climate Orbiter spacecraft was lost due to a navigation error caused by the use of both metric and imperial units in the coding.** En 1999, la sonda espacial Mars Climate Orbiter se perdió debido a un error de navegación causado por el uso de unidades métricas e imperiales en la codificación.

**175- The Earth's atmosphere weighs about 5.5 quadrillion tons.** La atmósfera terrestre pesa alrededor de 5.5 cuatrillones de toneladas.

**176- Peanuts are not nuts; they are legumes related to beans and lentils.**
Los cacahuetes no son nueces; son legumbres relacionadas con los frijoles y las lentejas.

**177- The tongue is the strongest muscle in the human body in proportion to its size.**
La lengua es el músculo más fuerte del cuerpo humano en proporción a su tamaño.

**178- Quantum entanglement is a phenomenon where particles become interconnected and can affect each other regardless of the distance between them.**
El entrelazamiento cuántico es un fenómeno donde las partículas se vuelven interconectadas y pueden afectarse mutuamente independientemente de la distancia entre ellas.

**179- The force of gravity on Earth is approximately 9.81 meters per second squared (m/s²).**
La fuerza de la gravedad en la Tierra es aproximadamente de 9.81 metros por segundo al cuadrado (m/s²).


**180- A black hole is a region in space where gravity is so strong that nothing, not even light, can escape its pull.**
Un agujero negro es una región en el espacio donde la gravedad es tan fuerte que nada, ni siquiera la luz, puede escapar de su atracción.


**181- The Planck length is believed to be the smallest possible length in the universe, about 1.6 x 10^-35 meters.**
La longitud de Planck se cree que es la longitud más pequeña posible en el universo, alrededor de 1.6 x 10^-35 metros.

**182- The Heisenberg Uncertainty Principle states that it's impossible to know both the exact position and momentum of a particle simultaneously.**

El Principio de Incertidumbre de Heisenberg establece que es imposible conocer simultáneamente la posición exacta y el momento de una partícula.

**183- Newton's third law of motion states that for every action, there is an equal and opposite reaction.**

La tercera ley de Newton establece que por cada acción, hay una reacción igual y opuesta.

**184- Quantum mechanics describes the behavior of matter and energy on atomic and subatomic scales.**

La mecánica cuántica describe el comportamiento de la materia y la energía a escalas atómicas y subatómicas.

**185- The fall of Constantinople in 1453 marked the end of the Byzantine Empire and the beginning of the Ottoman Empire.**

La caída de Constantinopla en 1453 marcó el fin del Imperio Bizantino y el comienzo del Imperio Otomano.

**186- The signing of the Magna Carta in 1215 established the principle that everyone, including the king, was subject to the law, laying the foundation for constitutional governance.**

La firma de la Carta Magna en 1215 estableció el principio de que todos, incluido el rey, estaban sujetos a la ley, sentando las bases para la gobernanza constitucional.

**187- The Battle of Hastings in 1066 led to the Norman conquest of England, with William the Conqueror becoming the King of England.**

La Batalla de Hastings en 1066 llevó a la conquista normanda de Inglaterra, con Guillermo el Conquistador convirtiéndose en el Rey de Inglaterra.

**188- The French Revolution, starting in 1789, resulted in the overthrow of the monarchy, the rise of Napoleon Bonaparte, and significant social and political changes in France.**

La Revolución Francesa, que comenzó en 1789, resultó en la caída de la monarquía, el surgimiento de Napoleón Bonaparte y cambios sociales y políticos significativos en Francia.

**189- The Berlin Wall, erected in 1961, divided East and West Berlin until its fall in 1989, symbolizing the ideological divide between communism and democracy during the Cold War.**

El Muro de Berlín, erigido en 1961, dividió Berlín Oriental y Occidental hasta su caída en 1989, simbolizando la división ideológica entre el comunismo y la democracia durante la Guerra Fría.

**190- The voyages of Christopher Columbus in 1492 led to the European exploration and colonization of the Americas.**

Los viajes de Cristóbal Colón en 1492 llevaron a la exploración y colonización europea de América.

**191- The Industrial Revolution, beginning in the late 18th century, brought significant technological advancements, transforming economies and societies with the introduction of machinery and factories.** La Revolución Industrial, que comenzó a finales del siglo XVIII, trajo avances tecnológicos significativos, transformando economías y sociedades con la introducción de maquinaria y fábricas.

**192- The assassination of Archduke Franz Ferdinand of Austria-Hungary in 1914 triggered the outbreak of World War I.** El asesinato del Archiduque Francisco Fernando de Austria-Hungría en 1914 desencadenó el estallido de la Primera Guerra Mundial.

**193- The Treaty of Versailles, signed in 1919, officially ended World War I and imposed significant penalties and reparations on Germany.**

El Tratado de Versalles, firmado en 1919, puso fin oficialmente a la Primera Guerra Mundial e impuso importantes penalizaciones y reparaciones a Alemania.

**192- The assassination of Archduke Franz Ferdinand of Austria-Hungary in 1914 triggered the outbreak of World War I.**

El asesinato del Archiduque Francisco Fernando de Austria-Hungría en 1914 desencadenó el estallido de la Primera Guerra Mundial.

**193- Neurons can transmit signals at speeds of up to 200 miles per hour (322 kilometers per hour) in the human body.**

Las neuronas pueden transmitir señales a velocidades de hasta 200 millas por hora (322 kilómetros por hora) en el cuerpo humano.

**194- The Sun releases more energy in one second than all the energy consumed by humanity throughout history.**

El Sol libera más energía en un segundo que toda la energía consumida por la humanidad en toda la historia.

**195- Human DNA, if uncoiled, would stretch from Earth to the Moon over 6,000 times.**

El ADN humano se extiende desde la Tierra hasta la Luna más de 6,000 veces si estuviera desenrollado.

**196- Einstein's theory of relativity suggests that time passes slower near a massive object. This has been confirmed through experiments with atomic clocks aboard airplanes.**

La teoría de la relatividad de Einstein sugiere que el tiempo pasa más lento cerca de un objeto masivo. Esto ha sido confirmado mediante experimentos con relojes atómicos a bordo de aviones.

**197- A single atom is mostly empty space. If all the empty space were removed from atoms in the human body, it would shrink to a much smaller size than a grain of salt.**

Un solo átomo es en su mayoría espacio vacío. Si se eliminara todo el espacio vacío de los átomos en el cuerpo humano, se reduciría a un tamaño mucho más pequeño que un grano de sal.

**198- Octopuses have a distributed nervous system, with two-thirds of their neurons located in their arms rather than in a central brain.**

Los pulpos tienen un sistema nervioso distribuido, con dos tercios de sus neuronas ubicadas en sus brazos en lugar de en su cerebro central.

**199- In a single cubic centimeter of a neodymium magnet, there are more atoms than in the entire cubic centimeter of air in Earth's atmosphere.**

En un solo centímetro cúbico de un imán de neodimio hay más átomos que en todo el centímetro cúbico de aire en la atmósfera de la Tierra.

**200- The speed of a computer mouse is measured in "Mickeys." One Mickey is the smallest detectable motion of the device.**

La velocidad de un ratón de computadora se mide en "Mickeys". Un Mickey es el movimiento más pequeño detectable del dispositivo.